AF175342

Impressum
Verlag: BABADADA GmbH, Nedderfeld 112 , 22529 Hamburg
Geschäftsführer / Verlagsleitung: Harald Hof
Druck: Books on Demand GmbH, In de Tarpen 42, 22848 Norderstedt

Imprint
Publisher: BABADADA GmbH, Nedderfeld 112 , 22529 Hamburg, Germany
Managing Director / Publishing direction: Harald Hof
Print: Books on Demand GmbH, In de Tarpen 42, 22848 Norderstedt

1

school

мактаб

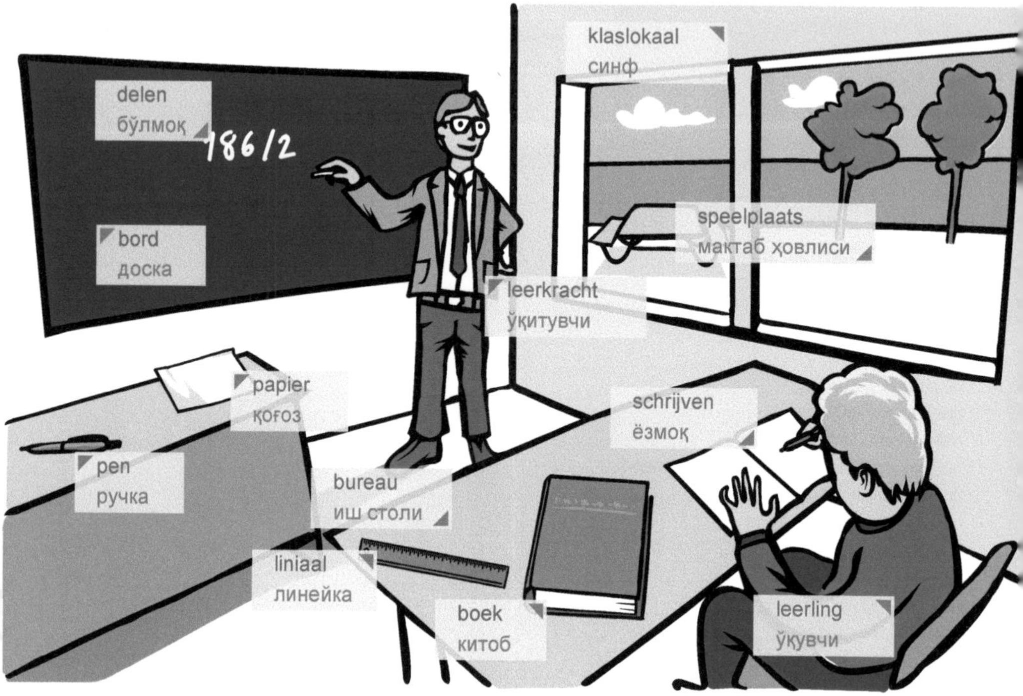
klaslokaal
синф
delen
бўлмоқ
186/2
bord
доска
speelplaats
мактаб ҳовлиси
leerkracht
ўқитувчи
papier
қоғоз
schrijven
ёзмоқ
pen
ручка
bureau
иш столи
liniaal
линейка
boek
китоб
leerling
ўқувчи

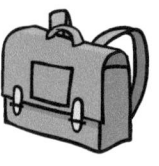

schooltas
осма сумка

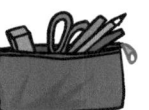

pennenzak
қаламдон

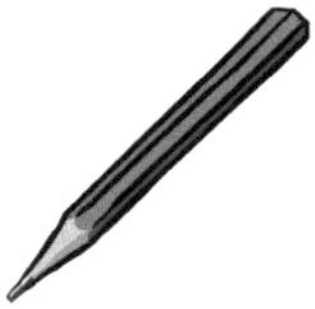

potlood
қалам

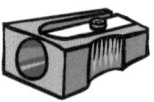

puntenslijper
қалам учлагич

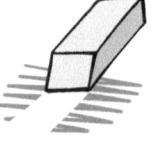

gom
ўчиргич

tekenblok
расм албоми

tekening

чизмачилик

verfborstel

бўёқ чўтка

verfdoos

бўёқдон

schaar

қайчи

lijm

елим

werkboek

машғулот дафтари

huiswerk

уй иши

nummer

рақам

optellen

қўшмоқ

aftrekken

айирмоқ

vermenigvuldigen

кўпайтирмоқ

rekenen

ҳисобламоқ

letter

хат

alfabet

алифбо

woord

сўз

tekst

матн

Lezen

ўқимоқ

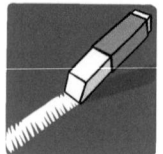

krijt

бўр

les

дарс

klassenboek

журнал

examen

имтиҳон

certificaat

гувоҳнома

schooluniform

мактаб формаси

onderwijs

таълим

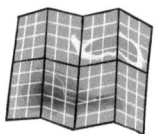

encyclopedie

қомус

universiteit

олийгоҳ

microscoop

микроскоп

kaart

харита

papiermand

урна

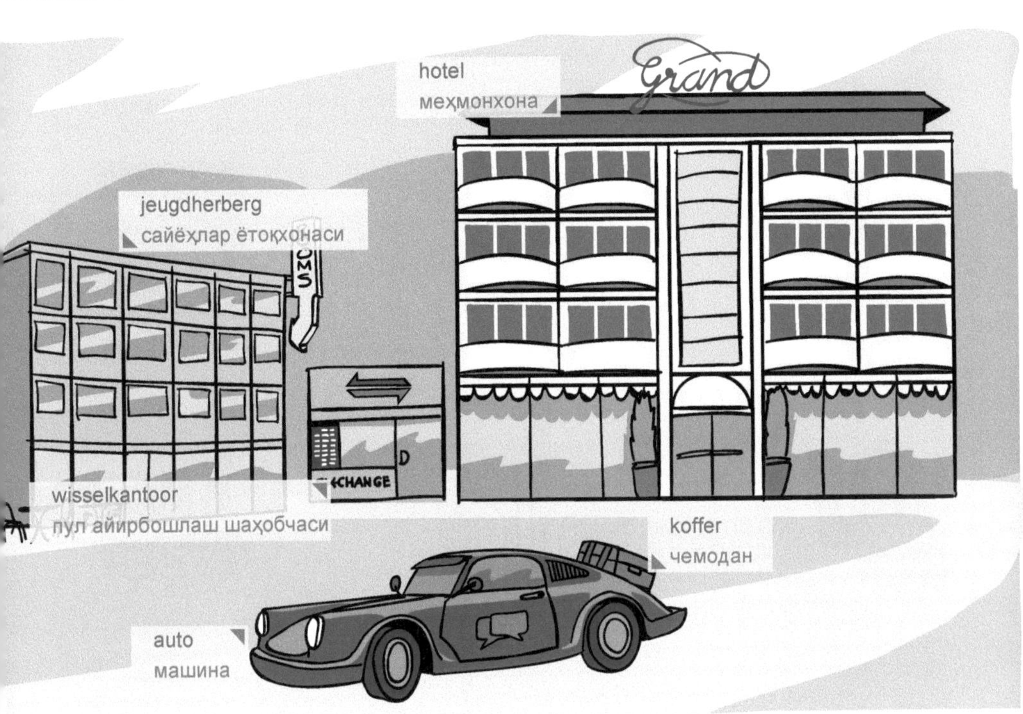

hotel
меҳмонхона
Grand
jeugdherberg
сайёҳлар ётоқхонаси
wisselkantoor
пул айирбошлаш шаҳобчаси
EXCHANGE
koffer
чемодан
auto
машина

Taal
тил

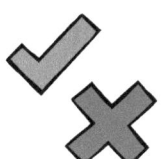

ja / nee
ҳа / йўқ

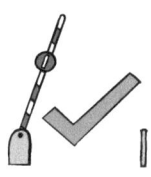

oké
Хўп

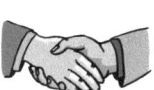

hallo
салом

vertaler
таржимон

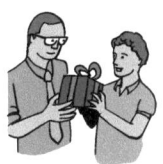

bedankt
Раҳмат

Hoeveel kost ...?

неча пул...?

Ik begrijp het niet

Тушунмадим

probleem

муаммо

Goedenavond!

Хайрли кеч!

Goedemorgen!

Хайрли тонг!

Goedenavond!

Хайрли тун!

Tot ziens

кўришгунча

richting

йўналиш

bagage

йўловчи юки

zak

сафархалта

rugzak

юк халта

gast

меҳмон

kamer

хона

slaapzak

уйқуқоп

tent

чодир

reis - саёҳат

toeristeninformatie

саёхларга маълумот
бериш столи

strand

пляж

kredietkaart

омонат карта

ontbijt

нонушта

lunch

нонушта

avondeten

кечки овқат

ticket

чипта

lift

лифт

postzegel

марка

grens

чегара

douane

божхона

ambassade

элчихона

visum

виза

paspoort

паспорт

transport
транспорт

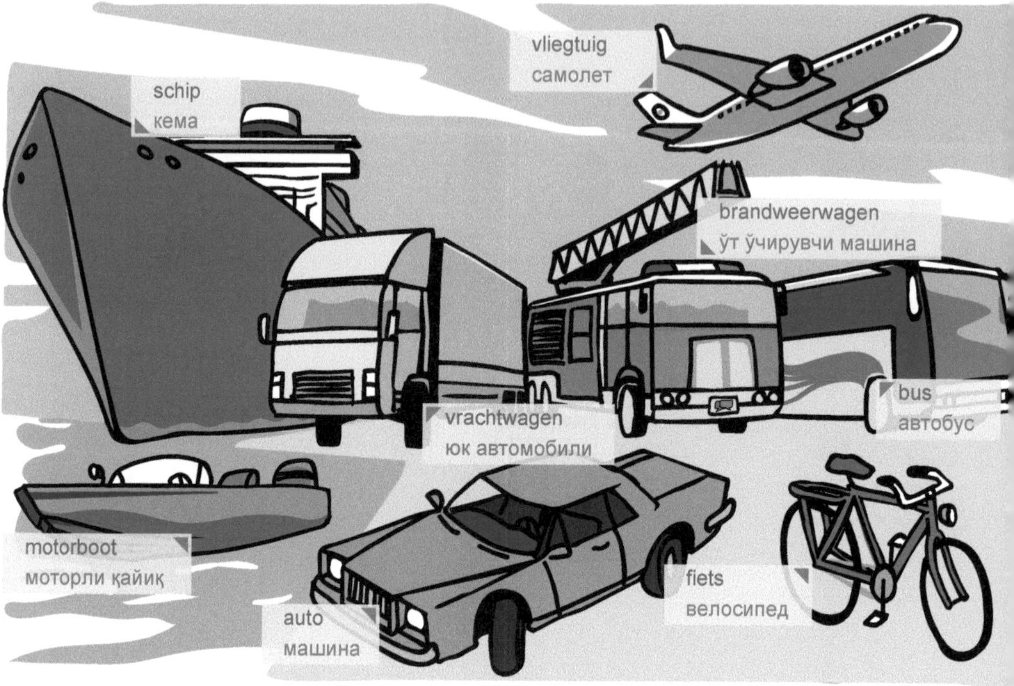

vliegtuig
самолет
schip
кема
brandweerwagen
ўт ўчирувчи машина
bus
автобус
vrachtwagen
юк автомобили
motorboot
моторли қайиқ
fiets
велосипед
auto
машина

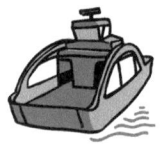

veerboot
солсимон ясси кема

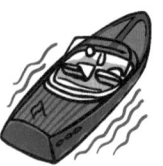

boot
қайиқ

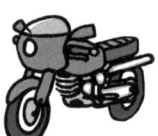

motor
мотоцикл

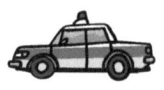

politiewagen
посбон машинаси

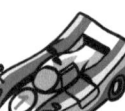

racewagen
пойга машинаси

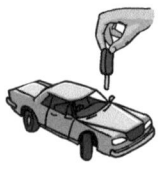

huurauto
ижарага олинган автоулов

carpoolen

автоижара

sleepwagen

шатакка олувчи юк автомобили

vuilniswagen

ахлат машинаси

motor

мотор

benzine

ёқилғи

benzinestation

ёқилғи қуйиш шаҳобчаси

verkeersbord

йўл белгиси

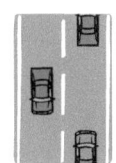

verkeer

йўл ҳаракати

file

тирбанд

parkeerplaats

автомобил тўхтаб туриш жойи

station

поезд бекати

sporen

рельс

trein

поезд

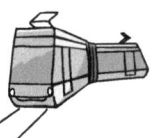

tram

трамвай

wagon

вагон

helikopter
вертолёт

luchthaven
аэропорт

toren
минора

passagier
йўловчи

container
контейнер

karton
қоғоз қути

kar
аравача

mand
сават

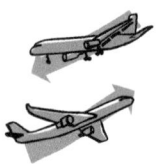

opstijgen / landen
учмоқ / қўнмоқ

stad

шаҳар

dorp
қишлоқ

stadscentrum
шаҳар маркази

huis
уй

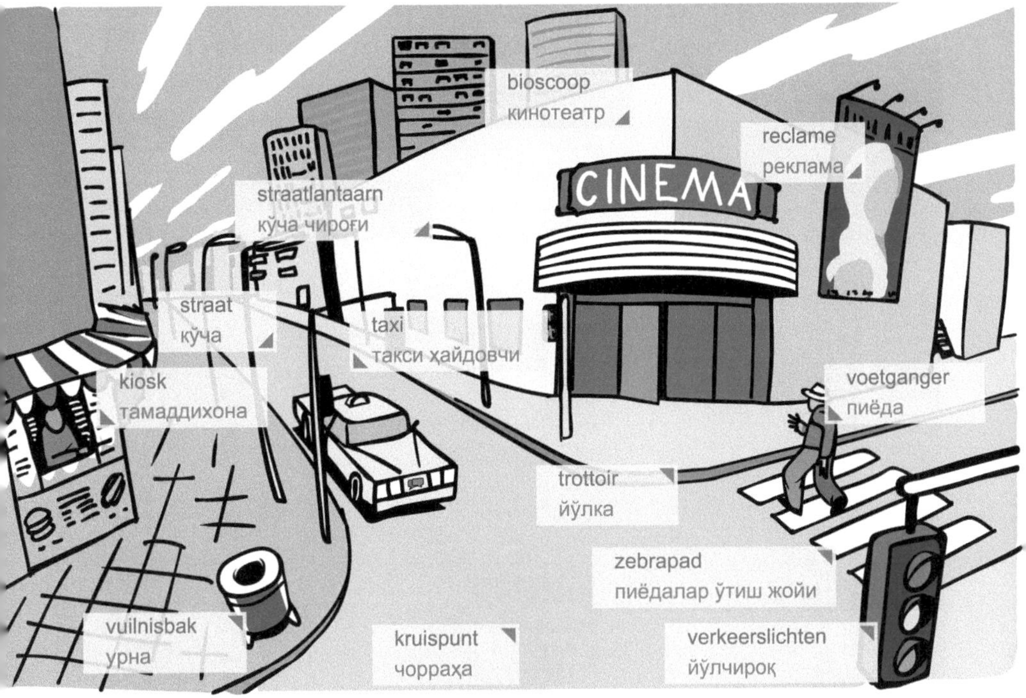

bioscoop
кинотеатр

reclame
реклама

straatlantaarn
кўча чироғи

CINEMA

straat
кўча

taxi
такси ҳайдовчи

kiosk
тамаддихона

voetganger
пиёда

trottoir
йўлка

zebrapad
пиёдалар ўтиш жойи

vuilnisbak
урна

kruispunt
чорраҳа

verkeerslichten
йўлчироқ

hut

кулба

woning

квартира

station

поезд бекати

stadshuis

маҳаллий ҳокимият
биноси

museum

музей

school

мактаб

stad - шаҳар

universiteit

олийгоҳ

bank

банк

ziekenhuis

шифохона

hotel

меҳмонхона

apotheek

дорихона

kantoor

идора

boekwinkel

китоб дўкони

winkel

дўкон

bloemenwinkel

гул дўкони

supermarkt

супермаркет

markt

бозор

warenhuis

универмаг

vishandelaar

балиқ дўкони

winkelcentrum

савдо маркази

haven

бандаргоҳ

park

истироҳат боғи

bank

банк

brug

кўприк

trap

зинапоя

metro

метро

tunnel

ер ости йўли

bushalte

автобус бекати

bar

бар

restaurant

ресторан

brievenbus

почта қутиси

straatnaambord

кўча ёзув осма тахтаси

parkeermeter

тўхтаб туриш вақтини ҳисоблагич

zoo

ҳайвонот боғи

zwembad

бассейн

moskee

масжид

boerderij

чорвачилик хўжалиги

milieuverontreiniging

атроф-муҳит
ифлосланиши

kerkhof

қабристон

kerk

ибодатхона

speelplaats

болалар ўйингоҳи

tempel

эхром

landschap

манзара

blad
япроқ

wegwijzer
йўлкўрсатгич

weg
йўл

weide
ўтлоқ

steen
тош

wandelaar
пиёда сайёҳ

boom
дарахт

rivier
дарё

gras
майса

bloem
гул

vallei

водий

heuvel

қир

meer

кўл

bos

ўрмон

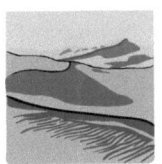

woestijn

чўл

vulkaan

вулкан

kasteel

қалъа

regenboog

камалак

paddenstoel

кўзиқорин

palmboom

пальма дарахти

mug

пашша

vlieg

чивин

mier

чумоли

bijl

асалари

spin

ўргимчак

landschap - манзара

kever

қўнғиз

kikker

қурбақа

eekhoorn

олмахон

egel

типратикон

haas

қуён

uil

укки

vogel

қуш

zwaan

оққуш

wild zwijn

эркак чўчқа

hert

буғу

eland

бутоқ шоҳли кийик

dam

тўғон

windturbine

шамол генератори

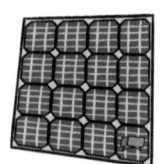

zonnepaneel

қуёш батареяси

klimaat

иқлим

restaurant
ресторан

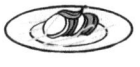

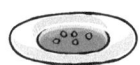

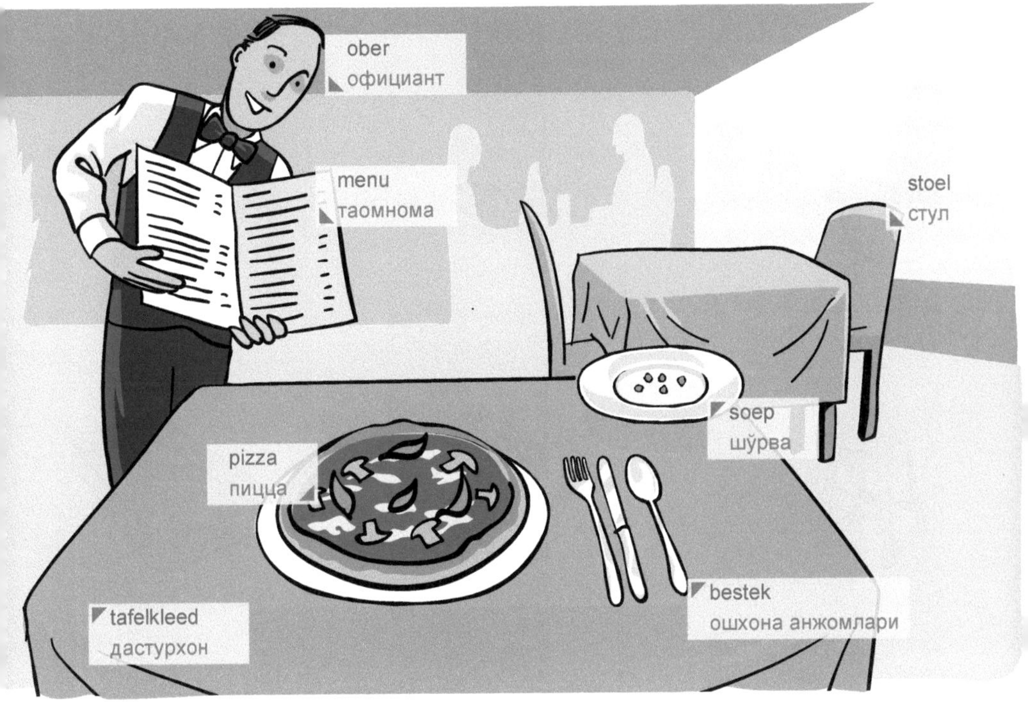

ober
официант
menu
таомнома
stoel
стул
soep
шўрва
pizza
пицца
bestek
ошхона анжомлари
tafelkleed
дастурхон

voorgerecht

газак

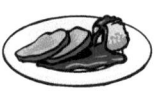

hoofdgerecht

асосий таом

nagerecht

десерт

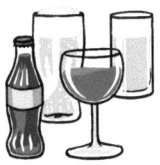

drankjes

ичимликлар

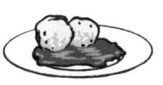

eten

таом

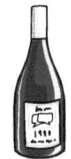

fles

бутилка

fastfood

тез пишар таом

street food

кўча таоми

theepot

чойнак

suikerpot

шакардон

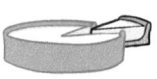

portie

порция

espressomachine

эспрессо кофе машинаси

kinderstoel

болалар курсичаси

rekening

ҳисоб

dienblad

лаган

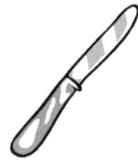

mes

пичоқ

vork

санчқи

lepel

қошиқ

theelepel

чой қошиқ

serviette

кўл сочиқ

glas

стакан

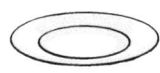

bord
ликоп

soepbord
шӱрва коса

schoteltje
тақсимча

saus
қайла

zoutvatje
туздон

pepermolen
қалампир янчгич

azijn
сирка

olie
ёғ

kruiden
зираворлар

ketchup
кетчуп

mosterd
хантал

mayonaise
майонез

supermarkt
супермаркет

aanbieding
чегирма
FOR
klant
мижоз
zuivelproducten
сут маҳсулотлари
fruit
мева
winkelwagen
харид араваси

BUTCHERS

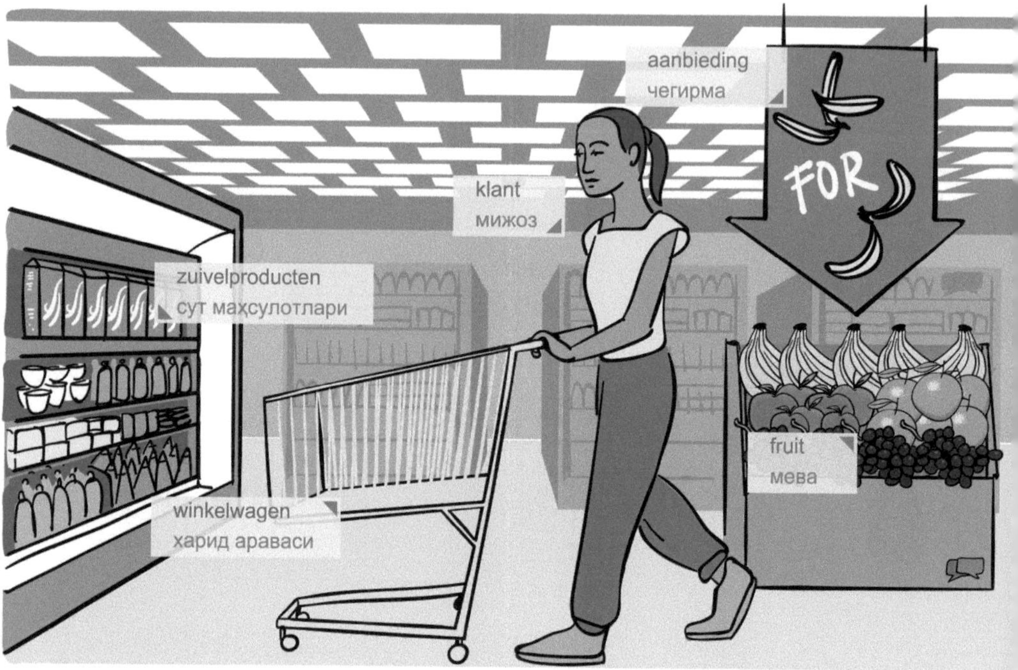

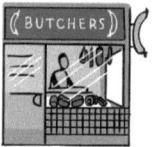

slagerij

қассобхона

BAKERY

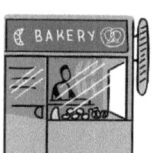

bakkerij

нонвойхона

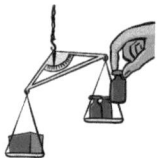

wegen

тарозида ўлчамоқ

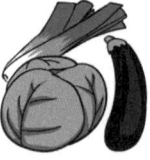

groenten

сабзавот

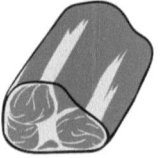

vlees

гўшт

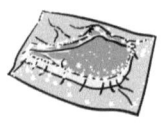

diepvriesvoedsel

музлатилган таомлар

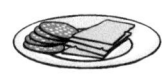

charcuterie

яхна гӯшт

conserven

консерва

waspoeder

кир ювиш воситаси

snoep

ширинликлар

huishoudproducten

кундалик истеъмол моллар

schoonmaakproducten

ювиш воситалари

verkoopster

сотувчи

kassa

касса аппарати

kassier

ғазначи

boodschappenlijstje

харид рӯйхати

openingstijden

иш вақти

portefeuille

ҳамён

kredietkaart

омонат карта

tas

халта

plastieken zakje

целлофан халта

water

сув

sap

шарбат

melk

сут

cola

кока-кола

wijn

вино

bier

пиво

alcohol

спиртли ичимлик

cacao

какао

thee

чой

koffie

кофе

espresso

эспрессо

cappuccino

капучино

banaan
банан

appel
олмахон

sinaasappel
апельсин

meloen
қовун

citroen
лимон

wortel
сабзи

knoflook
саримсоқ

bamboe
бамбук

ajuin
пиёз

champignon
қўзиқорин

noten
ёнғоқ

noodles
лағмон

spaghetti

спагетти

rijst

гуруч

salade

салат

frieten

картошка-фри

gebakken aardappelen

қовурилган картошка

pizza

пицца

hamburger

гамбургер

sandwich

сэндвич

kalfslapje

тўқмоқланган тўш қиймаси

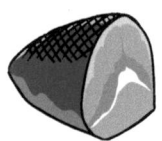

ham

дудланган чўчқа гўшти

salami

салями колбасаси

worst

сосиска

kip

товуқ гўшти

braden

қовурилган

vis

балиқ

havervlokken

сули бўтқаси

muesli

мюсли

cornflakes

маккажўхори ёрмаси

bloem

ун

croissant

француз булочкаси

pistolet

булочка

brood

нон

toast

қизартирилган нон бўлаги

koekjes

пиширик

boter

сариёғ

kwark

творог

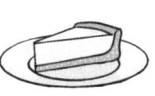

taart

пирог

ei

тухум

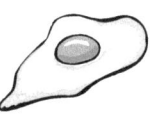

spiegelei

қовурилган тухум

kaas

пишлоқ

ijs

музқаймоқ

suiker

шакар

honing

асал

confituur

мураббо

choco

шоколад пастаси

curry

зарчава

eten - таом

boerderij

чорвачилик хўжалиги

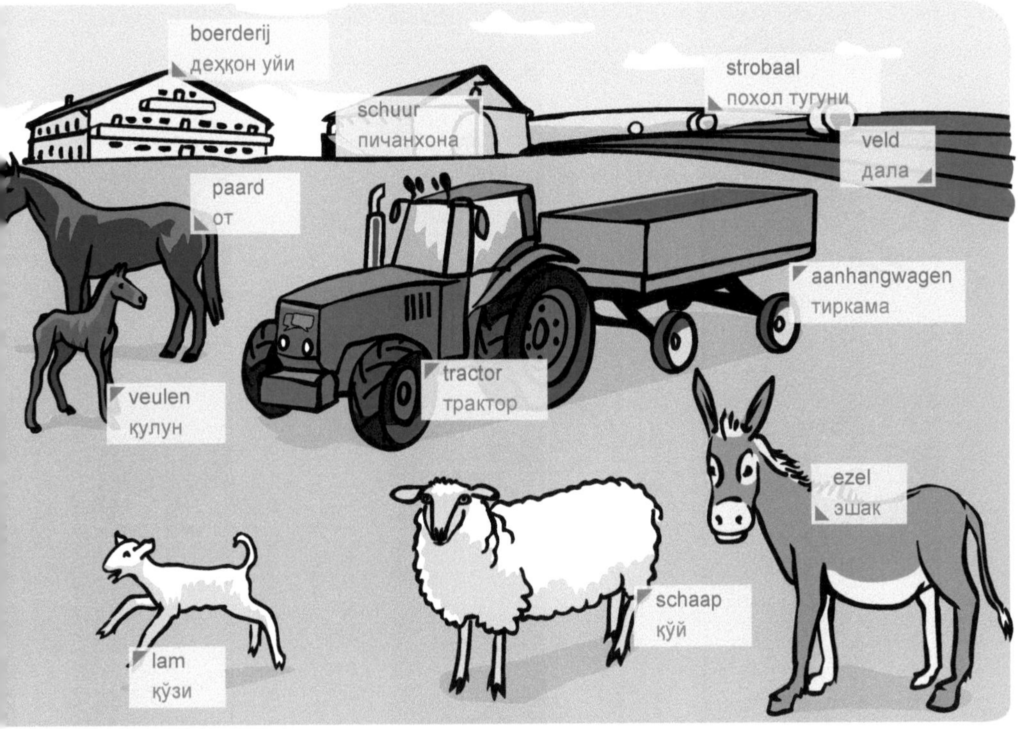
boerderij
деҳқон уйи
schuur
пичанхона
strobaal
похол тугуни
veld
дала
paard
от
aanhangwagen
тиркама
veulen
қулун
tractor
трактор
ezel
эшак
schaap
қўй
lam
қўзи

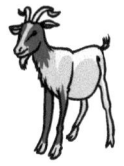

geit

эчки

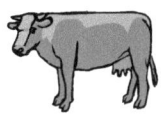

koe

сигир

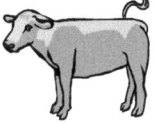

kalf

бузоқ

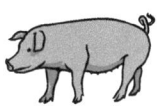

varken

чўчқа

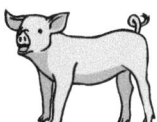

biggetje

чўчқа боласи

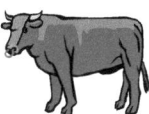

stier

буқа

gans
ғоз

eend
ўрдак

kuiken
жўжа

kip
товуқ

haan
хўроз

rat
каламуш

kat
мушук

muis
сичқон

os
хўкиз

hond
ит

hondenhok
каталак

tuinslang
ҳовли боғ шланги

gieter
гулчелак

zeis
белўроқ

ploeg
темир омоч

sikkel
....
қўлўроқ

schoffel
....
чопқи

hooivork
....
паншаха

bijl
....
болта

kruiwagen
....
ғалтакарава

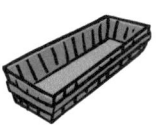

trog
....
охур

melkkan
....
сут бидони

zak
....
тўрва

hek
....
панжара

stal
....
оғилхона

broeikas
....
иссиқхона

bodem
....
тупроқ

zaad
....
уруғ

mest
....
ўғит

maaidorser
....
комбайн

oogsten

ҳосил олмоқ

oogst

йиғим-терим

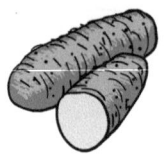

yam

ямс

tarwe

буғдой

soja

соя

aardappel

картошка

maïs

маккажўхори

koolzaad

рапс уруғи

fruitboom

мевали дарахт

maniok

маниок

graan

ёрма

huis
уй

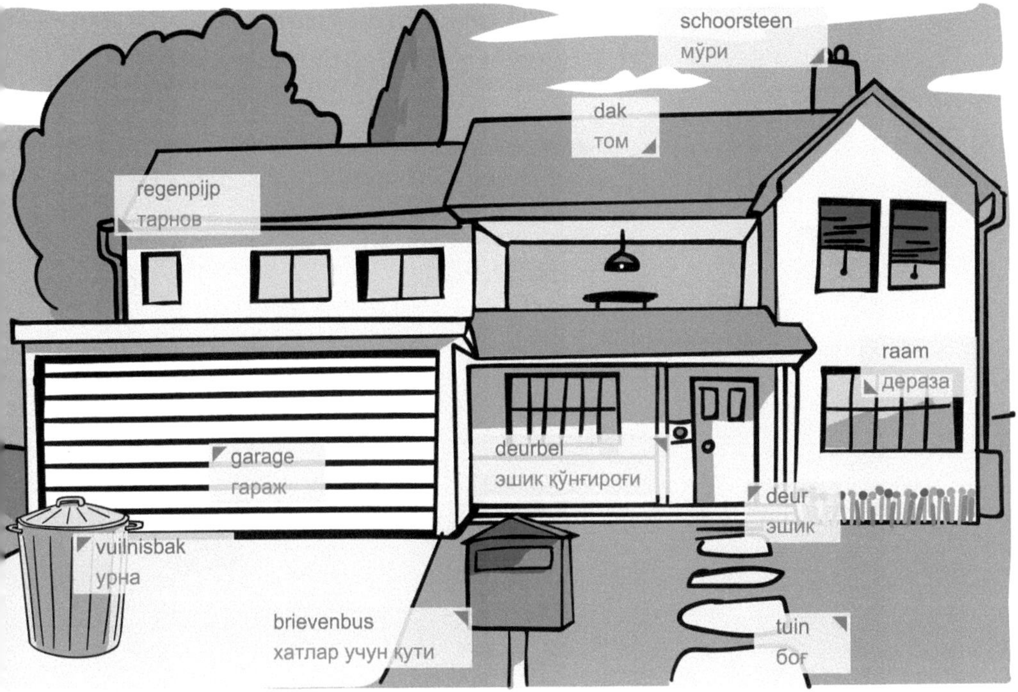

schoorsteen
мӯри

dak
том

regenpijp
тарнов

raam
дераза

garage
гараж

deurbel
эшик қўнғироғи

deur
эшик

vuilnisbak
урна

brievenbus
хатлар учун қути

tuin
боғ

woonkamer
меҳмонхона

badkamer
ваннахона

keuken
ошхона

slaapkamer
ётоқхона

kinderkamer
болалар хонаси

eetkamer
ошхона

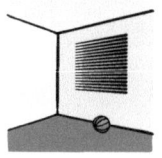

vloer
пол

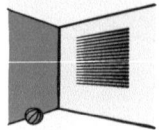

muur
девор

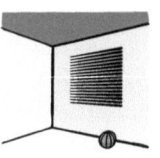

plafond
шип

kelder
подвал

sauna
сауна

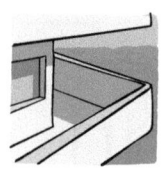

balkon
болохона айвони

terras
айвон

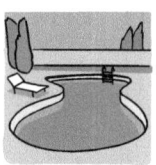

zwembad
бассейн

grasmaaier
ўт ўргич машина

dekbedovertrek
кўрпажилд

dekbed
чойшаб

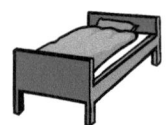

bed
кроват

bezem
супурги

emmer
пақир

schakelaar
мурват

woonkamer
меҳмонхона

behangpapier
гулқоғоз
foto
сурат
lamp
чироқ
schap
токча
kast
жавон
televisie
телевизор
open haard
ўчоқ
bloem
гул
kussen
ёстиқ
sofa
диван
vaas
гулдон
afstandsbediening
масофадан бошқариш пульти

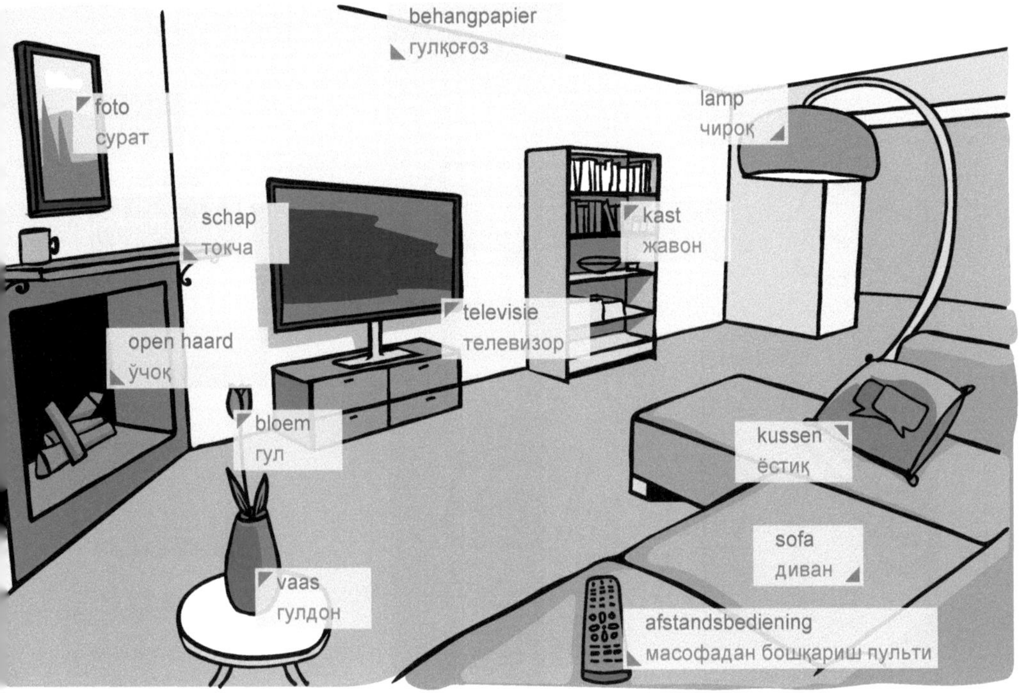

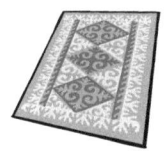

mat

гилам

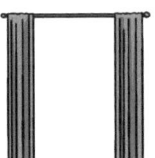

gordijn

парда

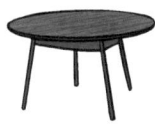

tafel

стол

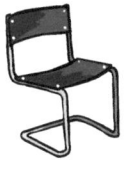

stoel

стул

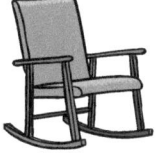

schommelstoel

тебранма курси

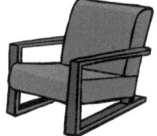

fauteuil

кресло

boek

китоб

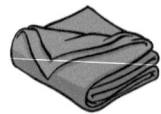

deken

кўрпа

decoratie

ҳашам

brandhout

ўтин

film

кино

stereo-installatie

стерео курилма

sleutel

калит

krant

рўзнома

schilderij

расм

poster

плакат

radio

радио

notitieboekje

ён дафтар

stofzuiger

чанг ютгич

cactus

кактус

kaars

шам

keuken
ошхона

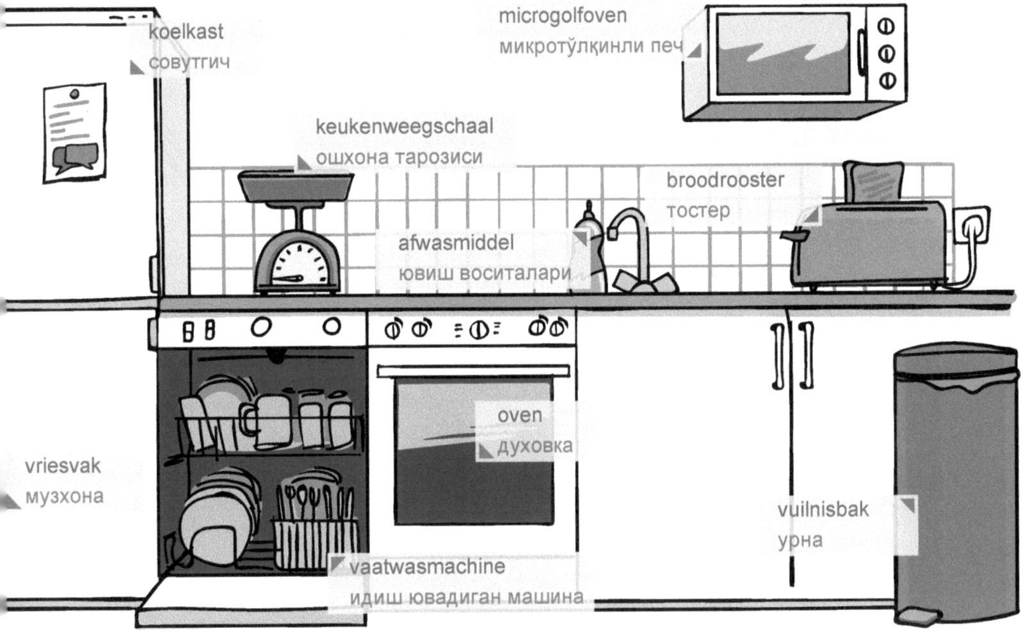
koelkast
совутгич
microgolfoven
микротўлқинли печ
keukenweegschaal
ошхона тарозиси
broodrooster
тостер
afwasmiddel
ювиш воситалари
oven
духовка
vriesvak
музхона
vuilnisbak
урна
vaatwasmachine
идиш ювадиган машина

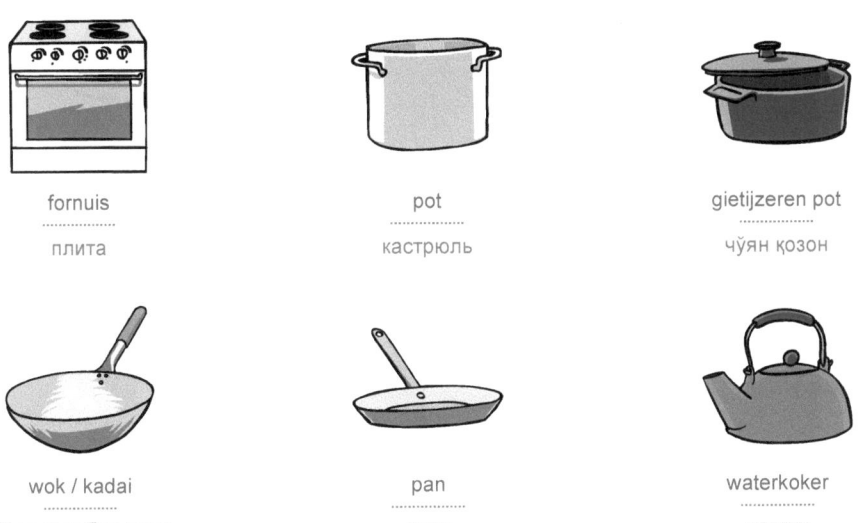

fornuis

плита

pot

кастрюль

gietijzeren pot

чўян қозон

wok / kadai

бўртма тубли това

pan

това

waterkoker

човгун

stoomkoker

мантиқасқон

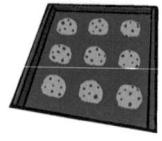

bakplaat

тунука това

servies

идиш

mok

кружка

kom

коса

eetstokjes

таом ейиш таёқчалари

pollepel

чўмич

spatel

куракча

garde

кўпиртиргич

vergiet

элак

zeef

элак

rasp

қирғич

mortier

ҳовонча

barbecue

гриль

haardvuur

олов

snijplank

оштахта

deegrol

жува

kurkentrekker

пармасимон тиқин очгич

blik

консерва

blikopener

консерва очгич

pannenlap

тутгич

gootsteen

унитаз

borstel

идиш чўтка

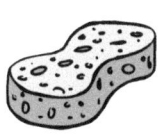

spons

қозонсочиқ

blender

қориштиргич

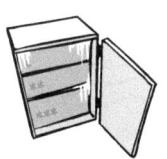

vriezer

музлатгич

papfles

сўрғичли чақалоқ бутилкаси

kraan

кран

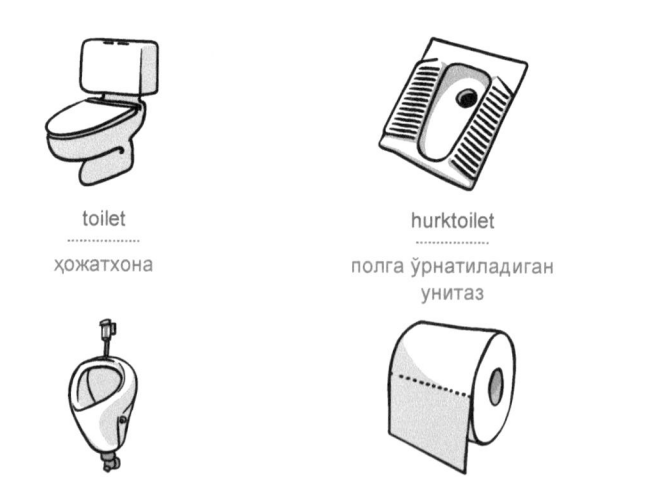

badkamer
ваннахона

douche
душ
verwarming
иситиш тизими
handdoek
сочиқ
douchegordijn
дарпарда
bubbelbad
кўпикли ванна
badkuip
ванна
glas
стакан
wasmachine
кир ювиш машинаси
kraan
кран
tegels
кафель
kinderpo
тувак
gootsteen
унитаз

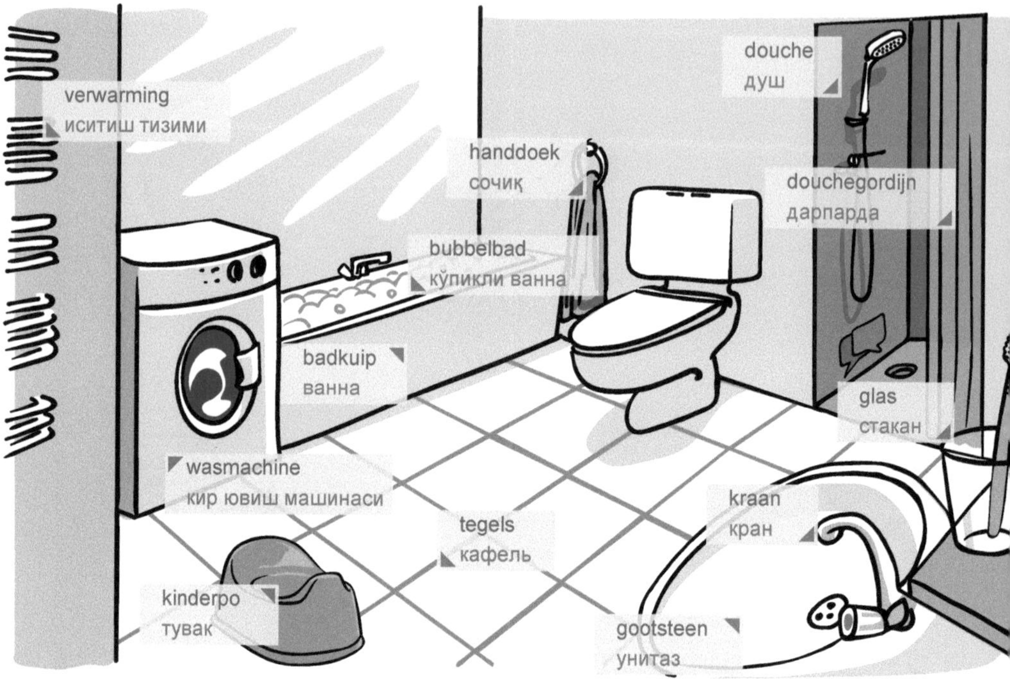

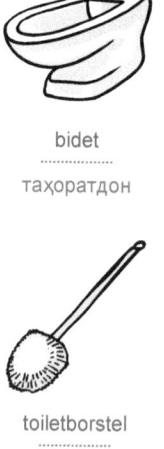

toilet

ҳожатхона

hurktoilet

полга ўрнатиладиган унитаз

bidet

таҳоратдон

urinoir

сийдик унитази

toiletpapier

ҳожатхона қоғози

toiletborstel

ҳожатхона чўткаси

tandenborstel

тиш чўтка

tandpasta

тиш пастаси

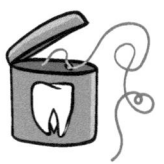

flosdraad

тиш тозалагич ип

wassen

ювмоқ

handdouche

дастакли душ

bidethanddouche

таҳорат учун душ

waskom

тоғора

rugborstel

елка қашлайдиган чўтка

zeep

совун

douchegel

душ учун гель

shampoo

шампунь

washandje

мочалка

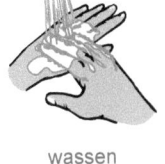

afvoer

қувур

crème

крем

deodorant

дезодарант

spiegel

кўзгу

handspiegel

қўл кўзгуси

scheermes

устара

scheerschuim

устара учун кўпик

aftershave

салқинлантирувчи
бальзам

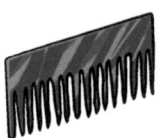

kam

тароқ

borstel

чўтка

haardroger

фен

haarlak

соч учун лак

make-up

пардоз-андоз

lippenstift

лаб учун помада

nagellak

тирноқ лаки

watten

пахта

nagelknipper

тирноқ қайчиси

parfum

духи

toilettas
пардоз-андоз халтаси

kruk
курси

weegschaal
тарози

badjas
чўмилиш халати

latex handschoenen
резина қўлқоп

tampon
тампон

maandverband
гигиеник таглик

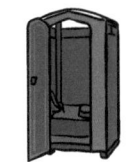

chemisch toilet
биоҳожатхона

kinderkamer
болалар хонаси

wekker
бонг соат
knuffel
юмшоқ ўйинчоқ
speelgoedauto
ўйинчоқ машина
rammelaar
шақилдоқ
poppenhuis
қўғирчоқ уй
geschenk
совға

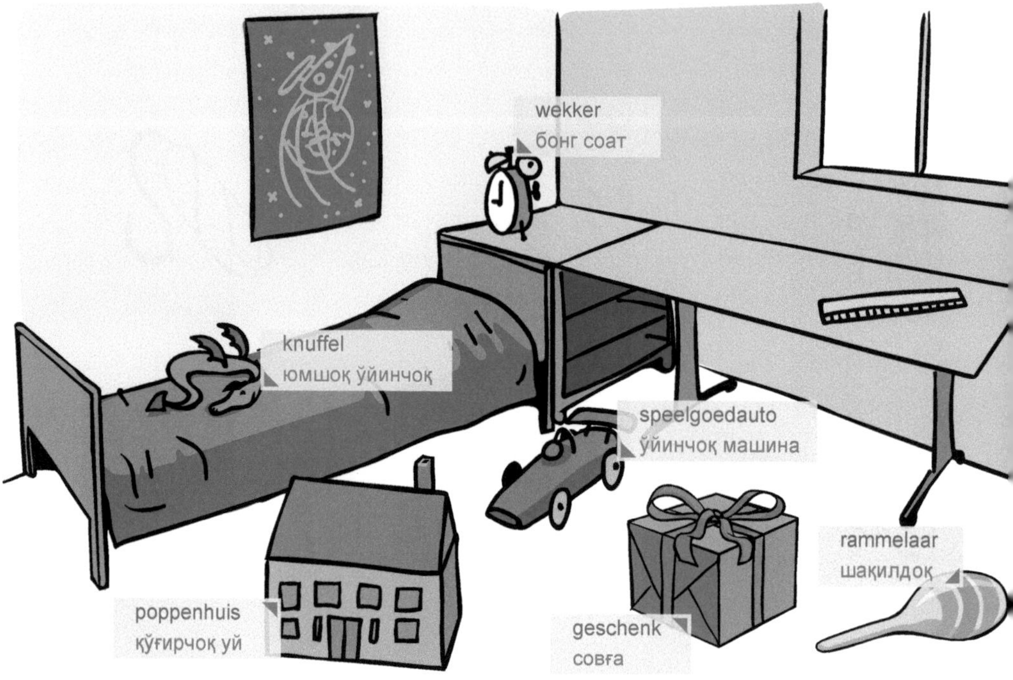

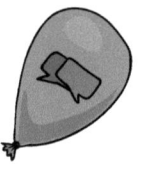

ballon
шар

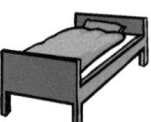

bed
кроват

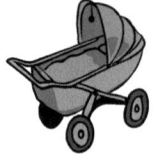

kinderwagen
болалар аравачаси

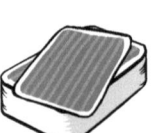

spel kaarten
карта тўплами

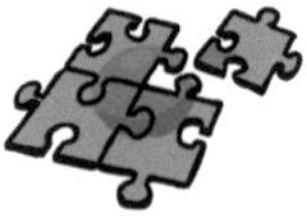

puzzel
терма тасвир

SUPER
MEGA

stripboek
кулгили саҳна асари

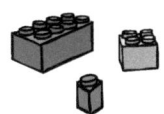

legoblokjes

лего ғиштлари

blokken

ўйинчоқ кубиклар

actiefiguur

ўйинчоқ қаҳрамон

kruippakje

ползунка

frisbee

учар ликопча

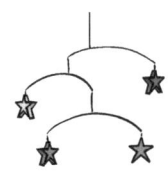

mobiel

осма шақилдоқ

bordspel

стол ўйини

dobbelsteen

ошиқ

modelspoorweg

поезд макети

fopspeen

сўрғич

feest

ўтириш

prentenboek

расмли китоб

bal

копток

pop

қўғирчоқ

spelen

ўйнамоқ

zandbak

қумдон

schommel

арғимчоқ

speelgoed

ўйинчоқлар

spelconsole

ўйин приставкаси

driewieler

уч ғилдиракли велосипед

knuffelbeer

бахмал айиқ

kleerkast

кийим шкафи

kleding

кийим

sokken

пайпоқ

kousen

чулки

maillot

колготка

sjaal
шарф

riem
камар

paraplu
соябон

T-shirt
футболка

sneakers
кроссовка

laarzen
ботинка

slippers
тапочка

sandalen
шиппак

schoenen
туфли

rubberlaarzen
резина этик

onderbroek
тор турсик

beha
кўкракпеч

onderhemd
майка

kleding - кийим

45

lichaam

боди

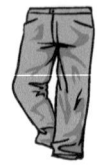

broek

иштон

jeans

жинси

rok

юбка

blouse

кофта

hemd

кўйлак

trui

жемпер

capuchontrui

узун чакмон

blazer

спорт бичимидаги пиджак

jas

куртка

jas

пальто

regenjas

плаш

kostuum

либос

jurk

кўйлак

trouwjurk

келин кўйлак

pak

костюм шим

nachthemd

тунги кўйлак

pyjama

пижама

sari

сари

hoofddoek

шолрўмол

tulband

салла

boerka

паранжи

kaftan

чакмон

abaya

абая

badpak

чўмилиш костюми

zwembroek

турсик

short

шортик

trainingspak

спорт костюми

schort

фартук

handschoenen

қўлқоп

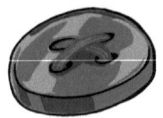

knoop

тугма

bril

кўзойнак

armband

билагузук

ketting

мунчоқ

ring

узук

oorbel

сирға

pet

кепка

kapstok

пальто илгак

hoed

шляпа

das

бўйинбоғ

rits

замок

helm

дубулға

bretellen

шим тортгич

schooluniform

мактаб формаси

uniform

форма

slabbetje

ошхӯрак

fopspeen

сӯрғич

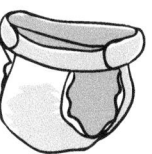

luier

таглик

kantoor
идора

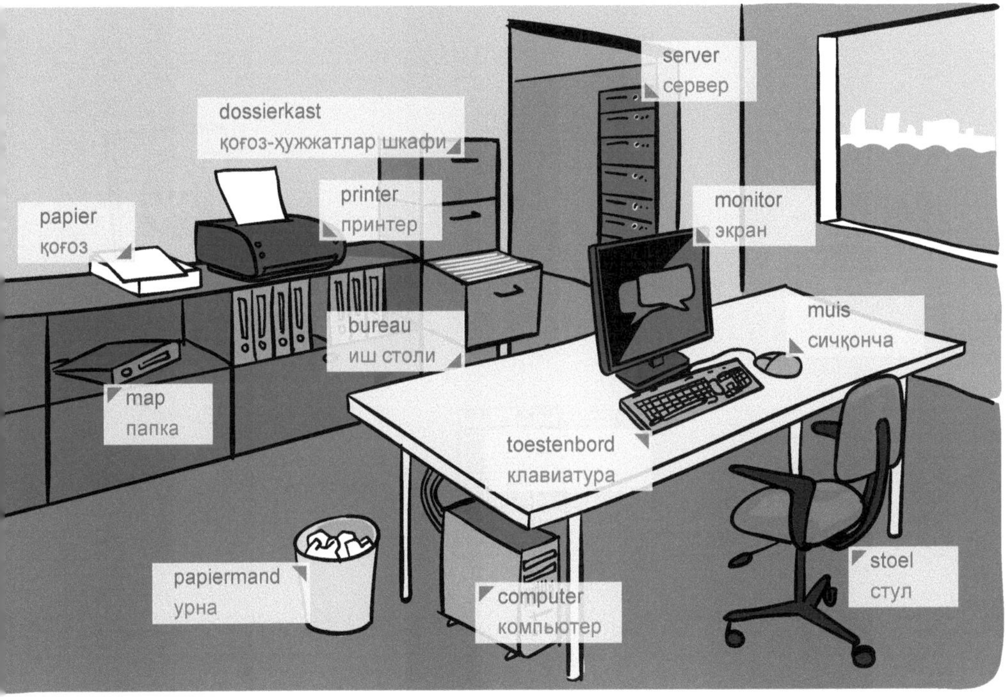

server
сервер

dossierkast
қоғоз-хужжатлар шкафи

printer
принтер

monitor
экран

papier
қоғоз

bureau
иш столи

muis
сичқонча

map
папка

toestenbord
клавиатура

stoel
стул

papiermand
урна

computer
компьютер

koffiemok

кофе кружкаси

rekenmachine

калькулятор

internet

интернет

laptop
ноутбук

brief
хат

bericht
мактуб

gsm
уяли телефон

netwerk
тармоқ

kopieerapparaat
нусха кўчиргич

software
дастур

telefoon
телефон

stopcontact
розетка

fax
факс

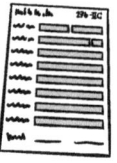

formulier
шакллар

document
хужжат

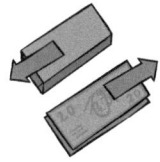

kopen

харид қилмоқ

betalen

тўламоқ

handelen

савдолашмоқ

geld

пул

 **USD**

dollar

доллар

 **EUR**

euro

евро

 **JPY**

yen

йен

 **RUB**

roebel

рубль

 **CHF**

Zwitserse frank

швейцар франки

 **CNY**

Chinese renminbi

Кэньминьби хитой юани

 **INR**

roepie

рупи

geldautomaat

банкомат

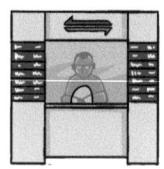

wisselkantoor

пул айирбошлаш
шаҳобчаси

goud

олтин

zilver

кумуш

olie

нефт

energie

энергия

prijs

нарх

contract

шартнома

belasting

солиқ

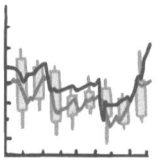

aandeel

акция

werken

ишламоқ

werknemer

ишчи

werkgever

иш берувчи

fabriek

завод

winkel

дўкон

politieagent
полициячи

brandweerman
ўт ўчирувчи

kok
ошпаз

dokter
шифокор

piloot
учувчи

tuinman

боғбон

timmerman

дурадгор

naaister

тикувчи

rechter

ҳакам

chemicus

кимёгар

acteur

актёр

buschauffeur

автобус ҳайдовчиси

taxichauffeur

такси ҳайдовчи

visser

балиқчи

schoonmaakster

фаррош

dakdekker

том устаси

ober

официант

jager

овчи

schilder

бўёқчи

bakker

нонвой

elektricien

электр устаси

bouwvakker

қурувчи

ingenieur

муҳандис

slager

қассоб

loodgieter

сувчи чилангар

postbode

почтачи

soldaat

аскар

architect

меъмор

kassier

ғазначи

bloemist

гулчи

kapper

сартарош

conducteur

чиптачи

mecanicien

механик

kapitein

капитан

tandarts

тиш шифокори

wetenschapper

олим

rabbijn

яхудийлар руҳонийси

imam

имом

monnik

роҳиб

geestelijke

руҳоний

werktuigen
асбоблар

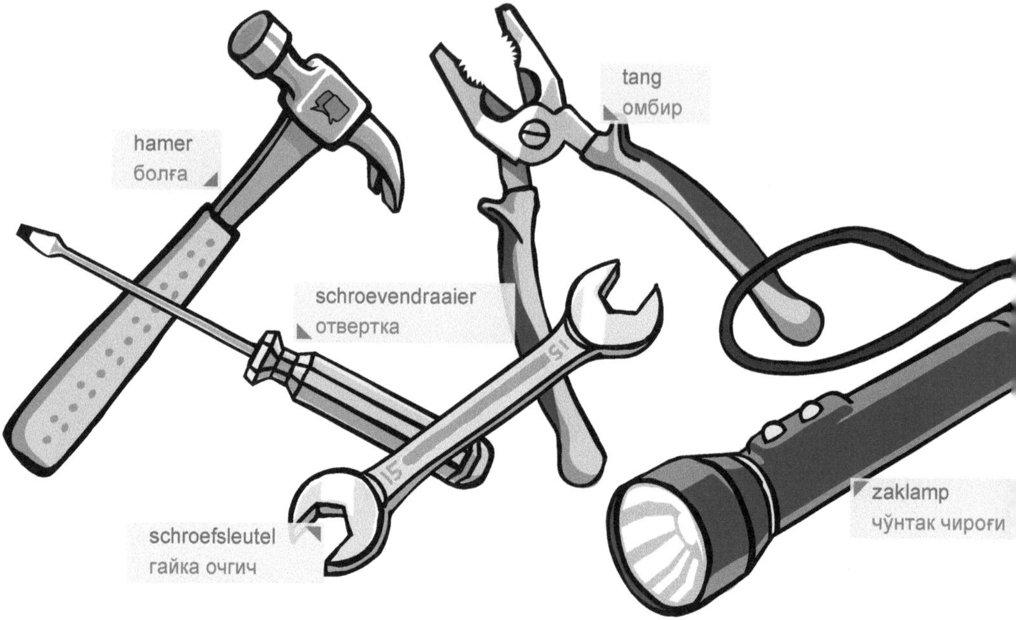
hamer
болға
tang
омбир
schroevendraaier
отвертка
schroefsleutel
гайка очгич
zaklamp
чўнтак чироғи

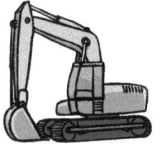

graafmachine

экскаватор

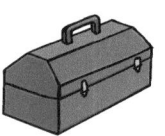

gereedschapskoffer

асбоблар қутиси

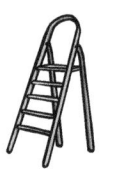

ladder

нарвон

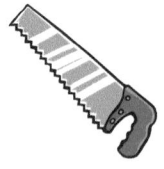

zaag

қўларра

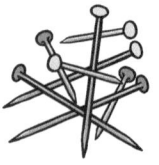

spijkers

мих

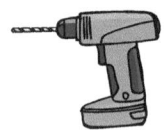

boormachine

пармадаста

repareren

тузатмоқ

schop

белкурак

Verdomme!

Жин урсин!

blik

хокандоз

verfpot

бўёқ идиш

schroeven

бурама мих

muziekinstrumenten
мусиқа асбоблари

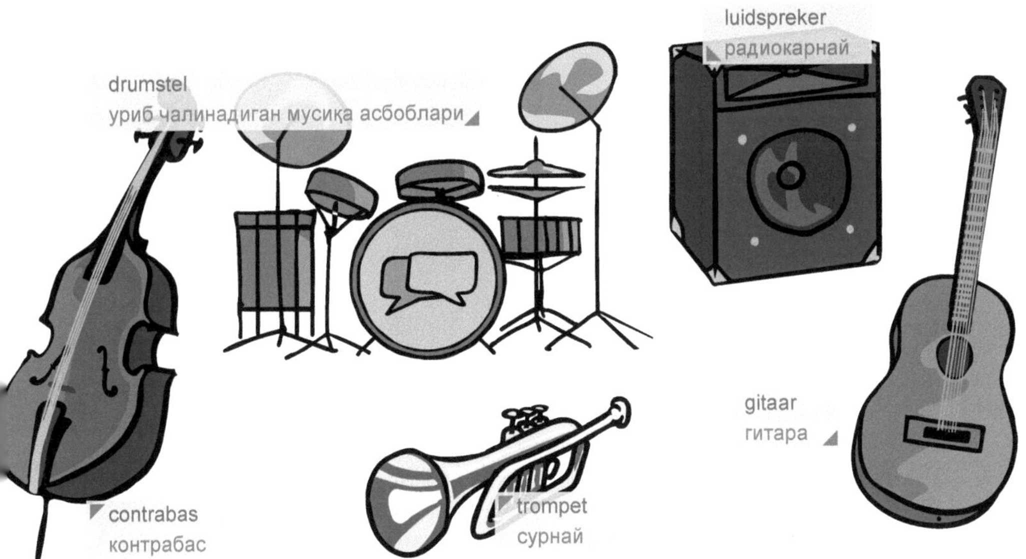

drumstel
уриб чалинадиган мусиқа асбоблари

luidspreker
радиокарнай

gitaar
гитара

contrabas
контрабас

trompet
сурнай

piano
пианино

viool
ғижжак

basgitaar
бас-гитара

pauk
қўшноғора

trommels
дўмбира

keyboard
клавиатура

saxofoon
саксофон

fluit
най

microfoon
микрофон

tijger
арслон

ingang
кириш

kooi
қафас

zebra
зебра

diereneten
ем

panda
панда

dieren

ҳайвонлар

olifant

фил

kangoeroe

кенгуру

neushoorn

каркидон

gorilla

горилла

beer

айиқ

kameel

туя

struisvogel

туяқуш

leeuw

шер

aap

маймун

flamingo

фламинго

papegaai

тӯти

ijsbeer

оқ айиқ

pinguïn

пингвин

haai

акула

pauw

товус

slang

илон

krokodil

тимсоҳ

dierenverzorger

ҳайвонот боғи қоровули

zeehond

тюлень

jaguar

ягуар

zoo - ҳайвонот боғи

pony

тӯпичоқ от

luipaard

қоплон

nijlpaard

бегемот

giraffe

жирафа

adelaar

бургут

wild zwijn

эркак чӯчқа

vis

балиқ

zeeschildpad

тошбақа

walrus

морж

vos

тулки

gazelle

оху

rugby
америка футболи

wielrennen
велосипед ҳайдаш

tennis
теннис

basketbal
баскетбол

zwemmen
сузиш

boksen
бокс

ijshockey
муз хоккейи

voetbal
футбол

badminton
бадминтон

atletiek
енгил атлетика

handbal
қўлтўпи

skiën
чанғи учиш

polo
поло

activiteiten

машғулот

springen
сакрамоқ
knuffelen
қучмоқ
lachen
кулмоқ
wandelen
юрмоқ
zingen
куйламоқ
dromen
ҳаёл қилмоқ
bidden
ибодат қилмоқ
kussen
ўпмоқ

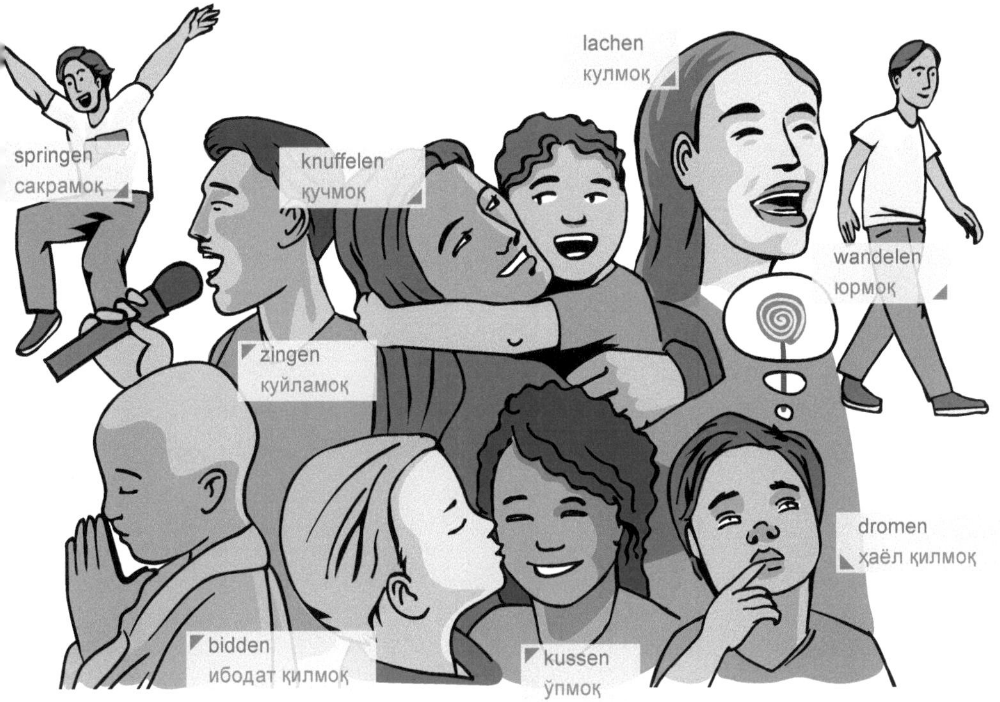

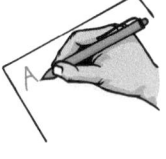

schrijven

ёзмоқ

tekenen

чизмоқ

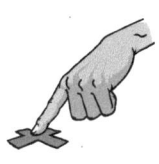

tonen

кўрсатмоқ

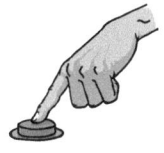

duwen

итармоқ

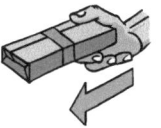

geven

бермоқ

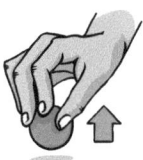

nemen

олмоқ

hebben
эга бўлмоқ

doen
бажармоқ

zijn
бўлмоқ

staan
турмоқ

lopen
югурмоқ

trekken
тортмоқ

gooien
улоқтирмоқ

vallen
йиқилмоқ

liggen
алдамоқ

wachten
кутмоқ

dragen
ташимоқ

zitten
ўтирмоқ

aankleden
кийинмоқ

slapen
ухламоқ

ontwaken
уйғонмоқ

activiteiten - машғулот

kijken naar

қарамоқ

wenen

йиғламоқ

aaien

зарба бермоқ

kammen

тарамоқ

praten

гаплашмоқ

begrijpen

тушунмоқ

vragen

сўрамоқ

luisteren

тингламоқ

drinken

ичмоқ

eten

емоқ

opruimen

йиғиштирмоқ

houden van

севмоқ

koken

пиширмоқ

rijden

ҳайдамоқ

vliegen

учмоқ

zeilen

кемада сузмоқ

rekenen

ҳисобламоқ

Lezen

ўқимоқ

leren

ўрганмоқ

werken

ишламоқ

trouwen

турмуш қурмоқ

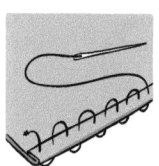

naaien

тикмоқ

tandenpoetsen

тиш ювмоқ

doden

ўлдирмоқ

roken

чекмоқ

sturen

йўлламоқ

activiteiten - машғулот

grootmoeder
буви

grootvader
бува

vader
ота

moeder
она

baby
чақалоқ

dochter
қиз

zoon
ўғил

gast

меҳмон

tante

амма

oom

тоға

broer

ака

zus

опа

lichaam
тана

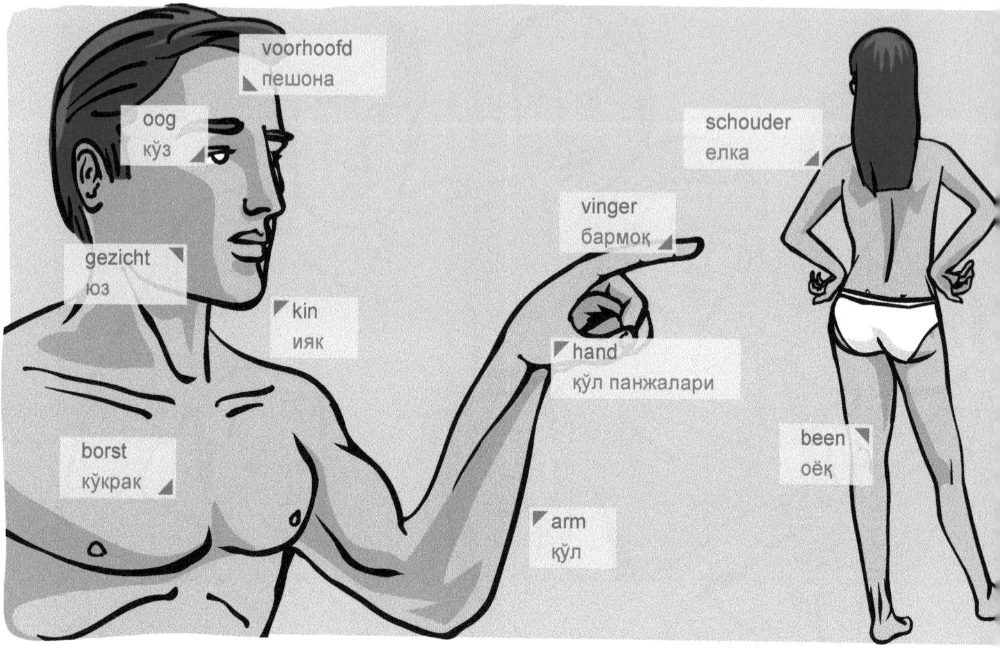

voorhoofd
пешона

oog
кӯз

schouder
елка

vinger
бармоқ

gezicht
юз

kin
ияк

hand
қӯл панжалари

borst
кӯкрак

been
оёқ

arm
қӯл

baby
чақалоқ

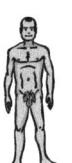

man
одам

vrouw
аёл

meisje
қиз бола

jongen
ӯғил бола

hoofd
бош

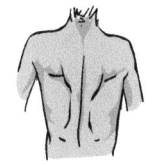

rug

орқа

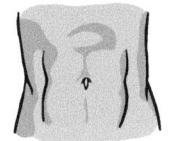

buik

қорин

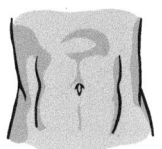

navel

киндик

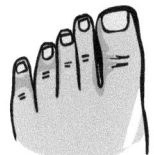

teen

оёқ панжаси

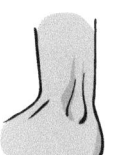

hiel

товон

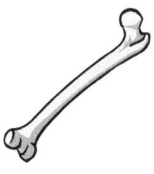

bot

суяк

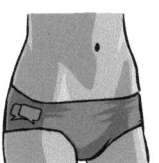

heup

бел

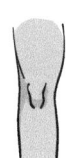

knie

тизза

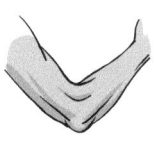

elleboog

тирсак

neus

бурун

zitvlak

думба

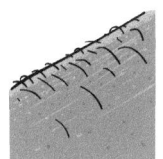

huid

тери

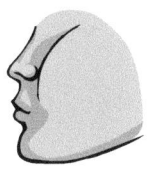

wang

яноқ

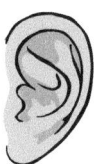

oor

қулоқ

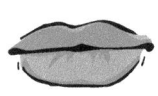

lip

лаб

mond

оғиз

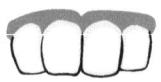

tand

тиш

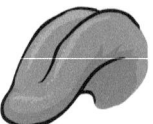

tong

тил

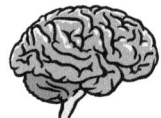

hersenen

мия

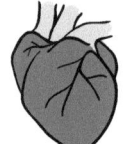

hart

юрак

spier

мушак

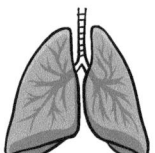

long

ўпка

lever

жигар

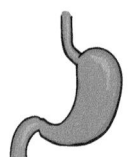

maag

ошқозон

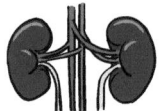

nieren

буйрак

seks

жинсий алоқа

condoom

презерватив

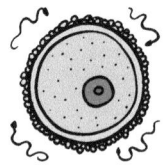

eicel

тухум ҳужайра

sperma

уруғ

zwangerschap

ҳомиладорлик

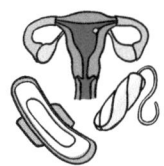

menstruatie
....
ҳайз

vagina
....
бачадон

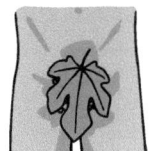

penis
....
олат

wenkbrauw
....
қош

haar
....
соч

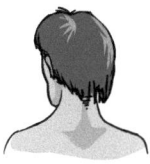

nek
....
бўйин

ziekenhuis

шифохона

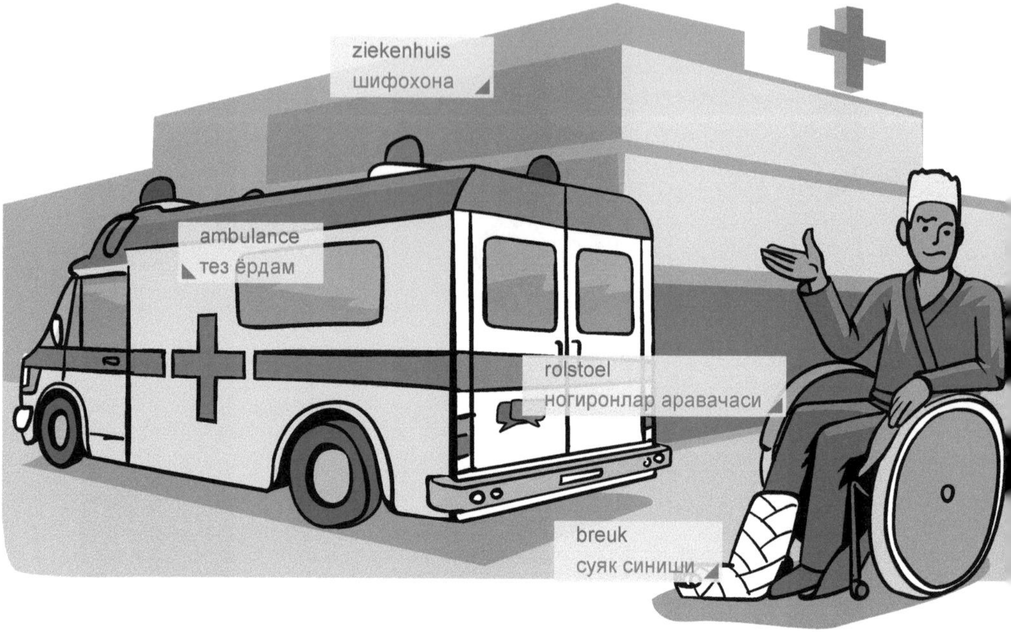

ziekenhuis
шифохона
ambulance
тез ёрдам
rolstoel
ногиронлар аравачаси
breuk
суяк синиши

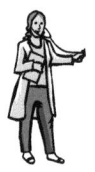

dokter

шифокор

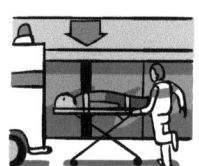

spoed

Шошилинч тиббий ёрдам кўрсатиш бўлими

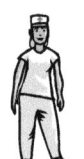

verpleegkundige

ҳамшира

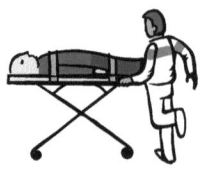

noodgeval

тез ёрдам

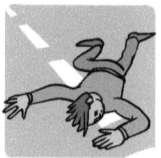

bewusteloos

ҳушсизлик

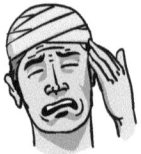

pijn

оғриқ

verwonding

жароҳат

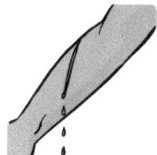

bloeding

қонаш

hartaanval

юрак хуружи

beroerte

инсульт

allergie

аллергия

hoest

йўтал

koorts

иситма

griep

тумов

diarree

ич кетиш

hoofdpijn

бош оғриғи

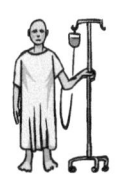

kanker

саратон касали

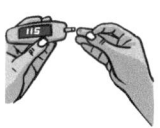

diabetes

қандли диабет

chirurg

жарроҳ

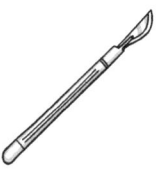

scalpel

жарроҳ пичоғи

operatie

жарроҳлик амалиёти

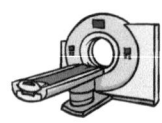

CT

томография

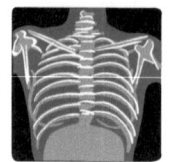

röntgenstraal

рентген

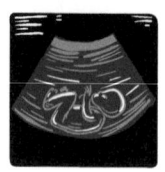

ultrageluid

ултратовуш текшируви

gezichtsmasker

юз ниқоби

ziekte

касаллик

wachtkamer

қабулхона

kruk

кўлтиқтаёқ

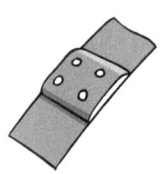

pleister

малҳамли пластир

verband

бинт

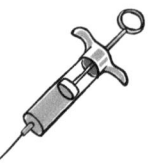

injectie

укол

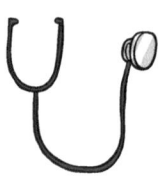

stethoscoop

юрак урушини ва ўпкани
эшитиб кўрадиган асбоб

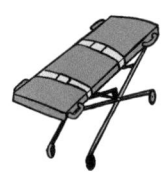

brancard

беморлар учун замбил

thermometer

термометр

geboorte

туғруқ

overgewicht

семизлик

hoorapparaat

эшитиш мосламаси

ontsmettingsmiddel

дезинфекцияловчи восита

infectie

инфекция

virus

вирус

HIV / AIDS

ОИВ / ОИТС

medicijn

дори

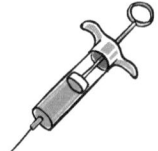

vaccinatie

эмлаш

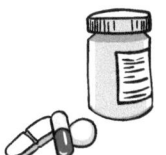

tabletten

таблетка

pil

дори

noodoproep

тез ёрдам қўнғироғи

bloeddrukmeter

қон босимини ўлчаш
асбоби

ziek / gezond

касал / соғлом

Help!

Ёрдам беринглар!

alarm

хавф-хатар ишораси

overval

тажовуз

aanval

хужум

gevaar

хавф

nooduitgang

фавқулодда ҳолатларда
чиқиш эшиги

Brand!

Ёнғин!

brandblusser

ўт ўчиргич

ongeval

фалокат

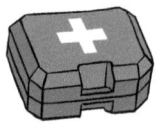

EHBO-kit

биринчи тиббий ёрдам
тўплами

SOS

фалокат сигнали

politie

полиция

Europa

Европа

Noord-Amerika

Шимолий Америка

Zuid-Amerika

Жанубий Америка

Afrika

Африка

Azië

Осиё

Australië

Австралия

Atlantische Oceaan

Атлантик океани

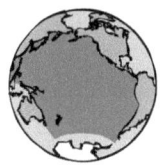

Stille Oceaan

Тинч океани

Indische Oceaan

Ҳинд океани

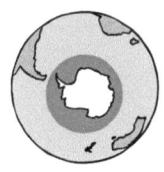

Antarctische Oceaan

Антарктида океани

Arctische Oceaan

Арктика океани

Noordpool

Шимолий қутб

Zuidpool

Жанубий кутб

Antarctica

Антарктика

aarde

Ер

land

ўлка

zee

денгиз

eiland

орол

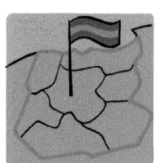

natie

миллат

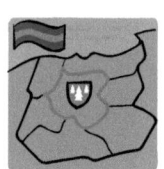

staat

давлат

wijzerplaat

астрономик вақт
кўрсатгичи

uurwijzer

соат мили

minuutwijzer

дақиқа мили

secondewijzer

сония мили

Hoe laat is het?

Соат неча?

dag

кун

tijd

вақт

nu

ҳозир

digitale horloge

рақамли соат

minuut

дақиқа

uur

соат

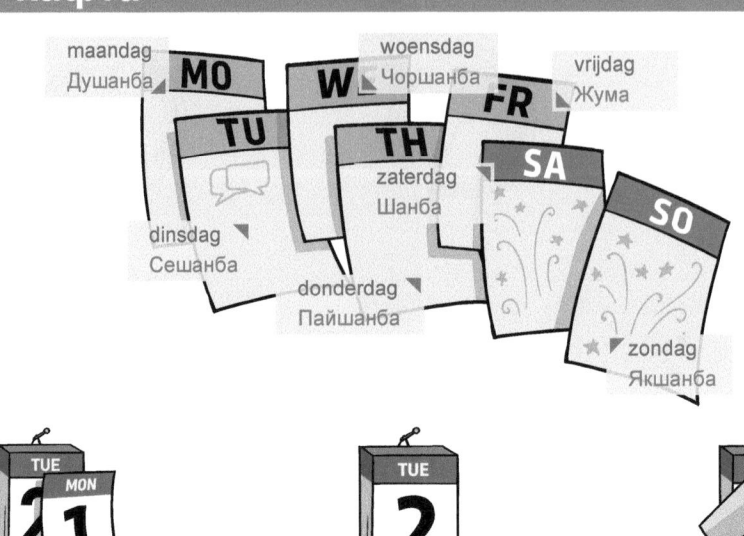

maandag
Душанба

woensdag
Чоршанба

vrijdag
Жума

dinsdag
Сешанба

zaterdag
Шанба

donderdag
Пайшанба

zondag
Якшанба

gisteren
кеча

vandaag
бугун

morgen
эртага

ochtend
эрталаб

middag
пешин

avond
кечкурун

werkdagen
иш кунлари

weekend
дам олиш кунлари

regen
ёмғир

regenboog
камалак

wind
шамол генератори

sneeuw
қор

lente
баҳор

herfst
куз

zomer
ёз

winter
қиш

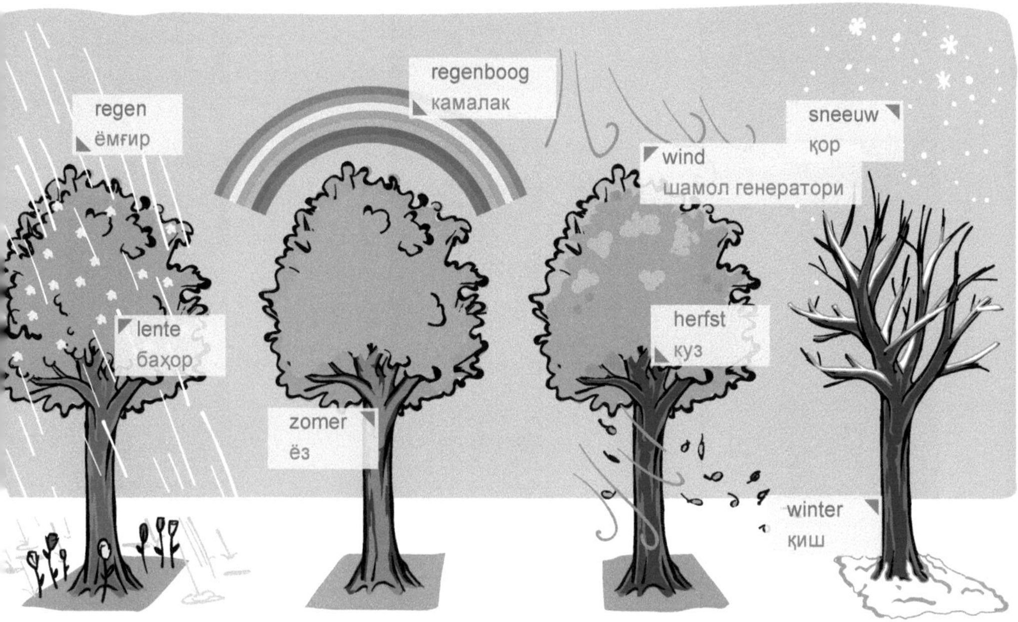

weervoorspelling

об-ҳаво маълумоти

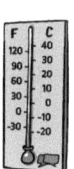

thermometer

термометр

zonneschijn

қуёшли

wolk

булут

mist

туман

vochtigheid

намгарчилик

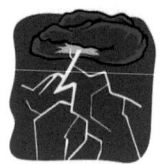

bliksem

чақмоқ

donder

момоқалдироқ

storm

бўрон

hagel

дўл

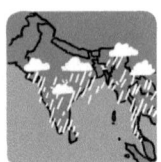

moesson

намгарчилик мавсуми

overstroming

тошқин

ijs

муз

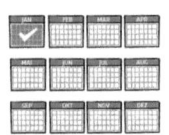

januari

Январь

februari

Февраль

maart

Март

april

Апрель

mei

Май

juni

Июнь

juli

Июль

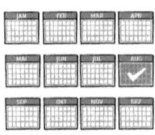

augustus

Август

september
Сентябрь

oktober
Октябрь

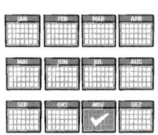

november
Ноябрь

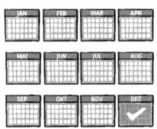

december
Декабрь

vormen
шакллар

cirkel
айлана

kwadraat
квадрат

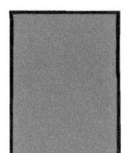

rechthoek
тўртбурчак

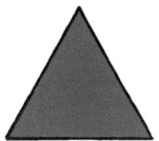

driehoek
учбурчак

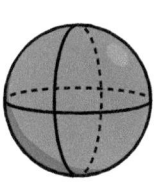

bol
доира

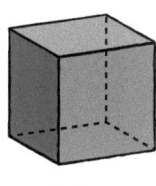

kubus
куб

kleuren
ранглар

wit

оқ

geel

сариқ

oranje

сабзи ранг

roze

пушти

rood

қизил

paars

тўқ қизил

blauw

кўк

groen

яшил

bruin

жигар ранг

grijs

кул ранг

zwart

қора

veel / weinig

кўп / оз

boos / kalm

ғазабли / хотиржам

mooi / lelijk

гўзал / хунук

begin / einde

боши / охири

groot / klein

катта / кичик

licht / donker

ёруғ / қоронғу

broer / zus

ака / сингил

proper / vuil

тоза / ифлос

volledig / onvolledig

тўлиқ / чала

dag / nacht

кун / тун

dood / levend

ўлик / тирик

breed / smal

кенг / тор

eetbaar / oneetbaar

еса бўладиган / еса бўлмайдиган

kwaadaardig / vriendelijk

ёвуз / хайрли

opgewonden / verveeld

ҳаяжонли / зерикарли

dik / dun

семиз / озғин

eerst / laatst

биринчи / охирги

vriend / vijand

дўст / душман

vol / leeg

тўла / бўш

hard / zacht

қаттиқ / юмшоқ

zwaar / licht

оғир / енгил

honger / dorst

очлик / чанқов

ziek / gezond

касал / соғлом

illegaal / legaal

ноқонуний / қонуний

intelligent / dom

зиёли / калтафаҳм

links / rechts

чап / ўнг

dichtbij / veraf

яқин / узоқ

nieuw / gebruikt

янги / ишлатилган

niets / iets

ҳеч нарса / бир нарса

oud / jong

қари / ёш

aan / uit

ёниқ / ўчиқ

open / dicht

очиқ / ёпиқ

stil / luid

паст / баланд

rijk / arm

бой / камбағал

juist / fout

тўғри / нотўғри

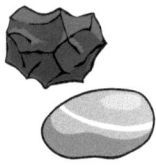

ruw / glad

нотекис / текис

droevig / blij

хафа / хурсанд

kort / lang

қисқа / узун

traag / snel

секин / тез

nat / droog

нам / қуруқ

warm / koud

илиқ / салқин

oorlog / vrede

уруш / тинчлик

0	1	2
nul	één	twee
ноль	бир	икки

3	4	5
drie	vier	vijf
уч	тўрт	беш

6	7	8
zes	zeven	acht
олти	етти	саккиз

9	10	11
negen	tien	elf
тўққиз	ўн	ўн бир

12	**13**	**14**
twaalf	dertien	veertien
ўн икки	ўн уч	ўн тўрт

15	**16**	**17**
vijftien	zestien	zeventien
ўн беш	ўн олти	ўн етти

18	**19**	**20**
achtien	negentien	twintig
ўн саккиз	ўн тўққиз	йигирма

100	**1.000**	**1.000.000**
honderd	duizend	miljoen
юз	минг	миллион

Engels

Инглиз

Amerikaans Engels

Америкача инглиз тили

Chinees (Mandarijn)

Хитой тилининг Мандарин лаҳчаси

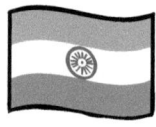

Hindi

Ҳинд

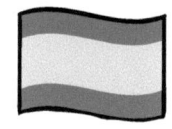

Spaans

Испан

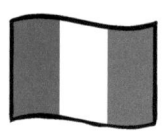

Frans

Француз

Arabisch

Араб

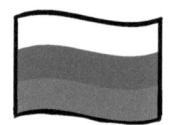

Russisch

Рус

Portugees

Португал

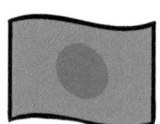

Bengali

Бенгал

Duits

Немис

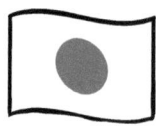

Japans

Япон

ik

Мен

u

Сен

hij / zij / het

у / у / у

wij

биз

u

сизлар

ze

улар

wie?

ким?

wat?

нима?

hoe?

қандай?

waar?

қаерда?

wanneer?

қачон?

naam

исм

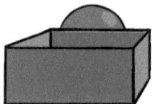

achter

орқада

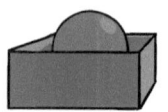

in

ичида

voor

олдида

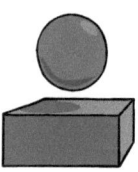

boven

узра

op

устида

onder

тагида

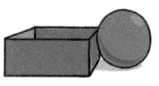

naast

ёнида

tussen

ўртасида

plaats

жой